BIOGRAFÍAS GRÁFICAS

ELIZABETH CADY STANTON

PIONERA DE LOS DERECHOS DE LAS MUJERES

por Connie Colwell Miller

ilustrado por Cynthia Martin y Keith Tucker

Consultora:
Melodie Andrews, Doctora en Filosofía
Profesora Asociada de los Inicios de la Historia Norteamericana e
Historia de las Mujeres
Minnesota State University, Mankato

Capstone press

Mankato, Minnesota

Graphic Library is published by Capstone Press,
151 Good Counsel Drive, P.O. Box 669, Mankato, Minnesota 56002.
www.capstonepress.com

1 2 3 4 5 6 11 10 09 08 07 06

Library of Congress Cataloging-in-Publication Data
Miller, Connie Colwell, 1976–
  [Elizabeth Cady Stanton: women's rights pioneer. Spanish]
  Elizabeth Cady Stanton: pionera de los derechos de las mujeres/por Connie Colwell Miller; ilustrado por Cynthia Martin y Keith Tucker.
    p. cm.—(Biografías gráficas)
  Includes bibliographical references and index.
  ISBN–13: 978–0–7368–6609–5 (hardcover : alk. paper)
  ISBN–10: 0–7368–6609–4 (hardcover : alk. paper)
  ISBN–13: 978–0–7368–9677–1 (softcover pbk. : alk. paper)
  ISBN–10: 0–7368–9677–5 (softcover pbk. : alk. paper)
    1. Stanton, Elizabeth Cady, 1815–1902—Juvenile literature. 2. Feminists—United States—Biography—Juvenile literature. 3. Suffragists—United States—Biography—Juvenile literature. 4. Women's rights—United States—History—Juvenile literature. 5. Women—Suffrage—United States—History—Juvenile literature. I. Martin, Cynthia, 1961– II. Tucker, Keith. III. Title. IV. Graphic library. Biografías gráficas.
HQ1413.S67M5518 2007
305.42092—dc22   2006042647

Summary: Describes in graphic novel format the life and career of suffragist Elizabeth Cady Stanton, in Spanish.

Art and Editorial Direction
Jason Knudson and Blake A. Hoena

Designers
Jason Knudson and Jennifer Bergstrom

Colorist
Cynthia Martin

Inker
Keith Tucker

Editor
Angie Kaelberer

Translation
Mayte Millares and Lexiteria.com

Nota del Editor: Los diálogos con fondo amarillo indican citas textuales de fuentes fundamentales. Las citas textuales de dichas fuentes han sido traducidas a partir del inglés.

Direct quotations appear on the following pages:
Page 5 from *Eighty Years and More (1815–1897): Reminiscenses of Elizabeth Cady Stanton,* by Elizabeth Cady Stanton. (New York: Source Book Press, 1970.)
Pages 12, 20, and 25 from *In Her Own Right: The Life of Elizabeth Cady Stanton,* by Elisabeth Griffith. (New York: Oxford University Press, 1984.)
Pages 13, 16, 18, 19, and 23 from *The Elizabeth Cady Stanton–Susan B. Anthony Reader: Correspondence, Writings, Speeches,* edited by Ellen Carol DuBois. (Boston: Northeastern University Press, 1981).

TABLA DE CONTENIDOS

A los 15 años de edad, Elizabeth terminó la escuela. Obtuvo calificaciones tan altas como las de cualquier niño de su clase.

Padre, quiero asistir a la universidad tal como lo hizo Eleazar.

Yo quiero hacer más. Yo quiero leer libros y aprender acerca del mundo.

Las mujeres no asisten a la universidad. Tú debes aprender a llevar una casa, cocinar y a cuidar de los niños.

La escuela es lo correcto cuando se es una niña, pero ahora tienes que convertirte en una jovencita como se debe.

Más adelante, Daniel le permitió a Elizabeth asistir al Seminario para Mujeres Troy. Era una de las pocas escuelas donde las niñas podían continuar con su educación.

Después de graduarse de Troy, Elizabeth visitaba con frecuencia a su primo Gerrit Smith.

No es justo que un hombre sea dueño de otro hombre.

Muchos hombres afroamericanos eran esclavos. Smith era un abolicionista que trabajaba para liberar a los esclavos.

Los esclavos no tienen derechos ante la ley. ¡Ni siquiera pueden votar!

Las mujeres tampoco tienen derechos legales. Pero eso no parece incomodarles a estos hombres.

7

En 1839, Elizabeth conoció a un abogado abolicionista de nombre Henry Stanton. Henry y Elizabeth se enamoraron y pensaban casarse. Pero el padre de Elizabeth no lo aprobaba.

Los abolicionistas no ganan suficiente dinero como para mantener a una familia.

Él es un hombre valiente, que lucha por liberar a los esclavos.

¡Te prohíbo que te cases con él!

Yo te amo, Henry, pero mi padre no está listo para dejarme casar.

Pero voy a asistir a la Convención Mundial para Abolir la Esclavitud en Londres, Inglaterra. Estaré ausente por lo menos ocho meses.

No puedo soportar estar alejada de ti tanto tiempo. Me casaré contigo. Mi padre tendrá que entenderlo.

Henry y Elizabeth se casaron en mayo de 1840. Poco después de la boda, zarparon hacia Londres.

Antes de la convención, Henry y Elizabeth se reunieron con otros abolicionistas en Londres. Una de estas personas era Lucretia Mott.

Debemos convencer al mundo sobre lo injusto que es que una persona sea dueña de otra.

¡Yo podría hablar en frente de mucha gente tal como lo hace Lucretia!

Cuando Elizabeth y Lucretia llegaron a la convención, ellas y el resto de las mujeres fueron obligadas a sentarse detrás de una cortina.

¡Los esclavos merecen los mismos derechos que el resto de los hombres!

No puedo creer que estos hombres estén ignorando los derechos para las mujeres.

Cuando regresemos a Estados Unidos, tú y yo vamos a trabajar juntas por los derechos de las mujeres.

9

CAPÍTULO 2
ESPOSA Y MADRE
En 1847, la familia Stanton se mudó a Seneca Falls, Nueva York. Henry viajaba con frecuencia por asuntos de negocios. Elizabeth se quedaba en casa a cuidar de la familia.
Amo a mis hijos, pero extraño a mis amistades. Anhelo hablar con un adulto.

Elizabeth y sus amigas planearon una Convención por los Derechos de las Mujeres en Seneca Falls.

Agreguemos que las mujeres deberían tener el derecho a votar.

Pero Lizzie, ¡vas a ridiculizarnos!

Elizabeth escribió todos los derechos que el grupo creía que las mujeres deberían tener. Nombraron a esta lista la Declaración de Sentimientos.

Votar es el derecho más importante de todos. ¿Cómo pueden ser las mujeres iguales a los hombres si no podemos ayudar a elaborar las leyes que nos gobiernan?

Elizabeth tenía la esperanza de continuar escribiendo y dando discursos a favor de los derechos de las mujeres, pero sus planes se vieron interrumpidos cuando tuvo otros dos bebés.

¡Cómo quisiera tener más tiempo para escribir!

¡Te voy a acusar!

¡Es mío!

¡No, dámelo!

En 1851, Amelia Bloomer amiga de Elizabeth le presentó a Susan B. Anthony. Las tres mujeres estaban interesadas en los derechos de las mujeres.

Elizabeth, quiero que conozcas a Susan Anthony.

Señorita Anthony, la vi en la junta abolicionista. Debemos reunirnos cuanto antes.

Me encantaría.

Elizabeth y Susan de inmediato se convirtieron en buenas amigas.

Seríamos excelentes compañeras en la lucha a favor de los derechos de las mujeres, Susan.

Es verdad. Tú escribes discursos maravillosos. ¡Quiero compartir tus palabras con todo el mundo!

Pero no tengo quién cuide de los niños mientras viajo. Tendremos que esperar hasta que estén más grandes.

En el transcurso de los siguientes años, Elizabeth tuvo dos hijos más. Ella esperaba hasta que sus hijos se habían dormido para escribir cartas y discursos.

Susan, tengo grandes planes para el año de 1860. Mi madre cuidará de los niños mientras yo viajo.

¡Estoy tan contenta de escuchar la noticia! El movimiento a favor del sufragio te necesita.

CAPÍTULO 3

¡LAS MUJERES DEBEN VOTAR!

Para 1861, los norteamericanos estaban luchando en la Guerra Civil. La esclavitud era una de las causas de la guerra. La gente de los estados del sur querían que la esclavitud se extendiera a los nuevos estados. La gente del norte estaba en contra de la esclavitud. En un principio, Elizabeth hablaba acerca de los derechos tanto de los esclavos como de las mujeres.

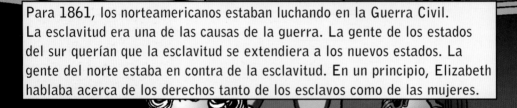

Piensen en el daño que se le ha hecho a... ese solitario esclavo sin amigos, que... fue sacado de su casa en África y le fue entregado al dueño americano.

En 1865, el norte ganó la guerra. La Enmienda 13 a la Constitución de los Estados Unidos liberó a todos los esclavos. Elizabeth creyó que las mujeres recibirían los mismos derechos que los esclavos liberados.

Pero la enmienda no incluía los derechos para las mujeres.

Aún tenemos trabajo por hacer. Los esclavos merecen los mismos derechos que los otros norteamericanos.

¿Y qué pasa con las mujeres? ¿Cuándo vamos a disfrutar de esos derechos?

Sólo podemos luchar una batalla a la vez, Sra. Stanton.

Elizabeth y Susan trabajaron para cambiar las leyes que aplicaban a las mujeres.

Tenemos 10,000 firmas aquí. Todas estas personas están de acuerdo en que las mujeres deberían tener el derecho al voto.

¡No estará hablando en serio! No estamos interesados en sus peticiones. Estamos intentando unificar a un país que está dividido.

Pero nada detenía a Elizabeth y a Susan en su combate por el sufragio de las mujeres. En julio de 1867, viajaron a Kansas.

¡Estoy tan contenta de que Kansas esté considerando darle el voto a las mujeres!

Sí, tenemos una gran oportunidad. No debemos desperdiciarla.

Elizabeth y Susan viajaron por separado a través de Kansas durante tres meses. Cada una se detenía en dos o tres lugares cada día para hablar con diversos grupos acerca del sufragio.

¡Espero el día en que todos los hombres y las mujeres, negros o blancos sean iguales ante la ley!

Algunas veces, Elizabeth y Susan viajaban juntas. Ellas hablaban ante multitudes grandes y pequeñas.

El mundo civilizado espera que ustedes actúen para ver si los principios de nuestros Padres son posibles en el gobierno.

En noviembre, Kansas realizó una votación sobre el sufragio de las mujeres y de los afroamericanos. Ninguna de las leyes fue aprobada.

NSAS VOTA EN CONTRA DEL SUFRAGIO PARA LAS MUJERES"

Tienes razón. Kansas fue el primer estado en votar sobre el sufragio de las mujeres. Pero no será el último.

Estoy desilusionada, pero tendremos entonces que trabajar aún más.

19

En 1868, la Enmienda 14 fue aprobada. Esta ley decía que todos los hombres nacidos en los Estados Unidos tenían el derecho a votar.

¿Y qué hay sobre los derechos de las mujeres?

En esta ocasión les tocó a los esclavos liberados. El momento para las mujeres ya llegará.

Mi pregunta es: ¿Acaso usted cree que la raza africana está compuesta únicamente por hombres?

Algunos estados del sur aún intentaron impedir que los afroamericanos votaran. Los legisladores entonces propusieron la Enmienda 15, la cual decía que el derecho de votar no se podía basar en el color de la piel de una persona. Pero no decía nada acerca del sexo de una persona.

¡Sra. Stanton, no puedo creer que usted esté en contra de esta ley!

La idea detrás de esta enmienda es buena, pero las mujeres necesitan el derecho a votar al igual que los esclavos liberados.

Mucha gente estaba enojada con Elizabeth por oponerse a la Enmienda 15. En 1869, el movimiento a favor del sufragio de las mujeres se dividió a causa de estas diferencias. Elizabeth dirigía un grupo, Lucy Stone dirigía el otro.

La Enmienda 15 es un gran paso hacia la igualdad de derechos para todas las personas.

Sí, Lucy, ¿pero qué hay de las mujeres? ¿Acaso no nos merecemos los mismos derechos?

Por supuesto, pero todo toma su tiempo.

Si no exigimos nuestros derechos ahora, seguirán pasándonos de largo.

Elizabeth y Susan más adelante escribieron sus propias enmiendas a la Constitución. Recabaron firmas de personas que estaban de acuerdo con sus ideas. Llevaron las firmas al Senado de los Estados Unidos.

Señoras, ¿cuándo van a aceptar que los hombres son mejores para tomar las decisiones que las mujeres?

¡Nunca lo voy a aceptar!

Conforme Elizabeth envejecía, mucha gente pensaba que sus puntos de vista se volvían más extremos. Algunas veces incluso Susan no estaba de acuerdo con ella.

Tú sólo ves el sufragio. ¿Y qué hay sobre las otras formas en que las mujeres no son tratadas con dignidad? ¡La ley dice que los hombres pueden golpear a sus esposas o quitarles a sus hijos!

¡Enfócate en el tema! ¡Enfócate en el voto!

En 1888, Susan y Elizabeth llevaron a cabo el Consejo Internacional de las Mujeres. En esta reunión, personas de ocho países discutieron los derechos de las mujeres. El Presidente Grover Cleveland incluso invitó al grupo a la Casa Blanca para celebrar.

¡Mira lo lejos que hemos llegado! Algunos estados ahora le permiten a las mujeres tener propiedades. Y muchas mujeres tienen mejores empleos y condiciones de trabajo.

Hemos progresado bastante, Susan. Pero aún queda mucho por hacer.

A la edad de 76 años, Elizabeth dio su último discurso importante. Habló ante el Comité del Senado de los Estados Unidos acerca del Sufragio de las Mujeres.

Nada fortalece el juicio y agiliza la conciencia como la responsabilidad individual... las responsabilidades de la vida son iguales en el hombre y en la mujer.

Después de su discurso, Elizabeth habló con el Senador Zebulon Vance de Carolina del Norte.

Sra. Stanton, si su lógica apoyara cualquier otra propuesta de ley, no tendría otra opción más que ser aprobada.

Si lo dice en serio, Senador, ¡usted debería apoyar el derecho al voto de la mujer!

23

EL LEGADO DE ELIZABETH

En 1895, muchas personas se unieron a la familia y amistades de Elizabeth para celebrar sus 80 años en el Metropolitan Opera House de la ciudad de Nueva York.

¡Yo declaro el 12 de noviembre como el día Stanton en la ciudad de Nueva York!

¡Felicidades!

¡Viva!

¡Una porra para Elizabeth!

24

Incluso a los 80 años y casi ciega, Elizabeth continuó trabajando por los derechos de las mujeres. Escribió libros y artículos que apoyaban la causa.

Elizabeth murió el 26 de octubre de 1902, a la edad de 86 años. Nadie resintió tanto su muerte como Susan.

¿Algún comentario Srta. Anthony?

Estoy muy afectada para hablar. Realmente me siento muy sola sin ella.

 Elizabeth nació el 12 de noviembre de 1815, en Johnstown, Nueva York. Ella fue una de 11 hijos.

 El Seminario para Mujeres de Troy en Troy, Nueva York, fue una de las primeras preparatorias para mujeres. Aún existe en la actualidad. En 1833, el Colegio Oberlin abrió sus puertas en Oberlin, Ohio. Este colegio fue el primero en otorgar diplomas a las mujeres y a los afroamericanos.

 Elizabeth y Henry tuvieron siete hijos. Sus hijos fueron Henry, Gerrit, Daniel, Robert y Theodore. Sus hijas fueron Harriot y Margaret.

 Henry Stanton era abogado y reportero de un periódico. También prestó sus servicios como senador del estado de Nueva York. Henry murió de neumonía en 1887.

 El famoso abolicionista y ex-esclavo Frederick Douglass asistió a la Convención por los Derechos de la Mujer en Seneca Falls. Él fue uno de los aproximadamente 40 hombres en la convención.

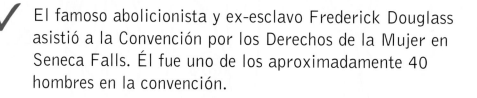 Aunque Susan no tuvo hijos propios, ella adoraba a los hijos de Elizabeth. Con frecuencia ella le ayudaba a cuidarlos para que Elizabeth pudiera escribir.

De 1868 a 1870, Elizabeth publicó un periódico semanal llamado *The Revolution.* Este periódico presentaba historias acerca de los derechos de las mujeres.

 Elizabeth modeló la Declaración de Sentimientos en la Declaración de Independencia de Thomas Jefferson.

✓ Elizabeth, Susan y Matilda Joslyn Gage terminaron de escribir *La Historia del Sufragio de la Mujer* en 1880. El libro incluía tres grandes volúmenes.

✓ En 1890, ambas fracciones del movimiento de las mujeres se volvieron a unir. La Asociación Americana del Sufragio para la Mujer y la Asociación Nacional del Sufragio para la Mujer se unieron para formar la Asociación Nacional Americana del Sufragio para la Mujer. Elizabeth fue la primera presidenta del grupo.

✓ Elizabeth murió el 26 de octubre de 1902 en la ciudad de Nueva York.

GLOSARIO

el abolicionista—una persona que trabajaba en erradicar la esclavitud antes de la Guerra Civil

la convención—una reunión de personas con los mismos intereses

la enmienda—un cambio realizado a una ley o documento legal

la petición—una carta firmada por muchas personas solicitando a quienes tienen el poder, que cambien su política o sus acciones

la profesión—un trabajo que requiere capacitación especial

el sufragio—el derecho a votar

SITIOS DE INTERNET

FactHound proporciona una manera divertida y segura de encontrar sitios de Internet relacionados con este libro. Nuestro personal ha investigado todos los sitios de FactHound. Es posible que los sitios no estén en español.

Se hace así:

1. Visita *www.facthound.com*

2. Elige tu grado escolar.

3. Introduce este código especial **0736866094** para ver sitios apropiados según tu edad, o usa una palabra relacionada con este libro para hacer una búsqueda general.

4. Haz clic en el botón **Fetch It**.

¡FactHound buscará los mejores sitios para ti!

LEER MÁS

Mattern, Joanne. *Elizabeth Cady Stanton and Susan B. Anthony: Fighting Together for Women's Rights.* Reading Power. New York: PowerKids Press, 2003.

Moore, Heidi. *Elizabeth Cady Stanton.* American Lives. Chicago: Heinemann, 2004.

Thoennes Keller, Kristin. *The Women Suffrage Movement, 1848–1920.* Let Freedom Ring. Mankato, Minn.: Capstone Press, 2003.

BIBLIOGRAFÍA

DuBois, Ellen Carol, editor. *The Elizabeth Cady Stanton–Susan B. Anthony Reader: Correspondence, Writings, Speeches.* Boston: Northeastern University Press, 1981.

Griffith, Elisabeth. *In Her Own Right: The Life of Elizabeth Cady Stanton.* New York: Oxford University Press, 1984.

Stanton, Elizabeth Cady. *Eighty Years and More (1815–1897); Reminiscences of Elizabeth Cady Stanton.* New York: Source Book Press, 1970.

Ward, Geoffrey C. *Not For Ourselves Alone: The Story of Elizabeth Cady Stanton and Susan B. Anthony: An Illustrated History.* New York: Alfred A. Knopf, 1999.

ÍNDICE